COMMUNE DE CARRIÈRES-SOUS-POISSY (SEINE-ET-OISE)

BIBLIOTHÈQUE

SCOLAIRE & COMMUNALE

FONDÉE EN 1868

STATUTS — RÉGLEMENT — CATALOGUE

MAGNY

IMPRIMERIE O. PETIT

—

1872

BIBLIOTHÈQUE

SCOLAIRE & COMMUNALE

FONDÉE EN 1868

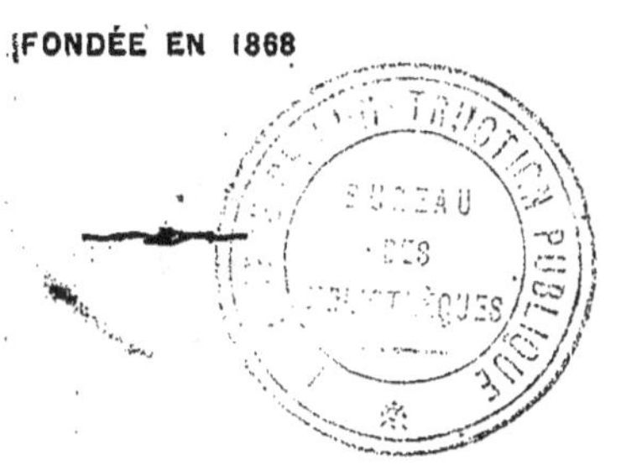

STATUTS — RÉGLEMENT — CATALOGUE

MAGNY

IMPRIMERIE O. PETIT

—

1872

MAGNY EN VEXIN (S-&-O). — IMPRIMERIE O. PETIT.

BIBLIOTHÈQUE SCOLAIRE ET COMMUNALE

DE

CARRIÈRES-SOUS-POISSY

—

STATUTS

—

Article I. — Il est fondé, à Carrières-sous-Poissy, sous le patronage du Conseil municipal, une *bibliothèque scolaire et communale*, dont le siége est à la Mairie.

Article II. — Toute personne, habitant ou non la commune, peut concourir à la fondation de cette bibliothèque, en payant une somme de *quinze francs*. Elle jouira des droits et prérogatives attachés au titre de fondateur.

Toute personne peut souscrire pour un temps déterminé et dans la forme fixée par le Conseil d'administration.

Article III. — Les fondateurs jouissent des avantages suivants : 1º En cas de plusieurs demandes simultanées pour avoir un même ouvrage, ils ont la préférence; 2º Ils nomment les membres du Conseil d'administration et peuvent faire partie de ce Conseil; 3º Leurs noms sont affichés en permanence dans la salle de la bibliothèque.

Article IV. — Les fondateurs sont convoqués en assemblée générale tous les ans.

Le président leur fait connaître l'état de la bibliothèque et reçoit leurs observations.

Article V. — Le Conseil d'administration est composé de neuf membres au moins et de quinze membres au plus. Il est nommé pour trois ans et renouvelé tous les ans par tiers. Les membres sortants sont rééligibles.

Le Conseil d'administration comprend toujours parmi ses membres au moins deux conseillers municipaux ainsi que l'Instituteur communal, secrétaire-trésorier-bibliothécaire.

Le Conseil d'administration choisit chaque année, dans son sein, le Président et le Vice-président.

Article VI. — Le Conseil d'administration se réunit au moins deux fois par an, pour recevoir les communications du bibliothécaire et statuer sur les propositions qui lui sont soumises.

Il fixe, pour chaque année, le taux des abonnements, taux qui ne peut être moins d'un franc. Enfin il prescrit les mesures d'ordre nécessaires pour régler le service des abonnements et prévenir la perte ou la détérioration des ouvrages de la bibliothèque.

Article VII. — Le président peut du reste convoquer l'assemblée générale des fondateurs ou le Conseil d'administration aussi souvent qu'il le juge utile.

Article VIII — Les décisions sont prises à la majorité simple des voix quel que soit le nombre des membres présents. En cas de partage, la voix du président est prépondérante.

Article IX—Le président surveille et assure l'exécution du Réglement; il prend des mesures provisoires pour les cas non prévus, sauf à en référer au Conseil d'administration qui décide ; il préside les séances; il signe et paraphe les registres tenus par le secrétaire-trésorier-bibliothécaire.

Article X—Les dons de livres sont adressés au président qui les fait parvenir au Comité d'examen.

Article XI—L'examen des ouvrages offerts à la bibliothèque, est confié à une Commission, composée d'un ou plusieurs membres, que le Conseil d'administration choisit dans son sein. Les rapports de cette commission sont soumis au Conseil, qui statue sur leurs conclusions.

Article XII.—Le trésorier est chargé de tenir la comptabilité ayant rapport à l'entrée et à la sortie des fonds qui lui passent par les mains. Il ne peut faire aucun paiement sans y être autorisé par le Conseil, excepté dans un cas d'urgence et avec l'assentiment du président. Il fait connaître à chaque assemblée la situation de la caisse, et fournit les renseignements nécessaires sur l'état financier de la bibliothèque.

Article XIII. — Le bibliothécaire-secrétaire est chargé du classement des ouvrages dans les rayons, de leur tenue en bon état et de toutes les écritures.

A chaque réunion du Conseil, il soumet un état des livres qu'il conviendrait d'acheter et une liste de ceux qu'il serait urgent de faire relier.

Article XIV. — Les livres sont classés par séries suivant leur nature.

Chaque volume porte au dos le signe indicatif de la série à laquelle il appartient et son numéro d'ordre dans cette série.

Le cachet de la Bibliothèque est apposé sur la première page de chaque volume.

Le bibliothécaire tient un registre sur lequel il inscrit, avec les indications utiles, la date de la sortie du livre donné en lecture. La date de la rentrée du livre doit être consignée en marge vis-à-vis celle de a sortie.

RÉGLEMENT

I, —La bibliothèque est ouverte tous les jours de 7 heures du matin à 6 heures du soir : elle est fermée les dimanches et fêtes pendant les offices et les autres jours pendant les classes.

II. — Chaque lecteur ne peut obtenir qu'un seul volume à la fois.

III. — La durée du prêt d'un livre est fixée à quinze jours.

IV. — Tout lecteur qui ne rend pas son livre au temps indiqué est passible d'une amende de cinq centimes par période de trois jours de retard. Tout lecteur qui, ayant encouru l'amende ne la paierait pas en rapportant son livre, n'en peut obtenir un autre en lecture.

V. — Tout livre dont la détérioration ne résulte pas du long usage qui en a été fait, est, suivant le cas, réparé ou remplacé aux frais du dernier lecteur.

VI. — Tout livre perdu par un lecteur est remplacé à ses frais, et quel que soit son état, payé comme s'il était neuf.

VII. — Le prêt est personnel aux abonnés.

VIII. — Le prix de l'abonnement est fixé à un franc par an. Il doit toujours être payé d'avance. L'abonnement court du premier janvier.

IX. — Ont droit à l'usage gratuit de la Bibliothèque :
    1o. L'instituteur et l'institutrice de la commune ;
    2o. Les indigents inscrits au bureau de bienfaisance ;
    3o. Les élèves admis gratuitement aux écoles.

X. — ~~Le Conseil d'administration s'en rapporte à la prudence du bibliothécaire, pour ne point mettre entre les mains des enfants et des adolescents, des ouvrages qui ne sauraient leur convenir.~~

X. La Bibliothèque est divisée en deux sections, la section scolaire et la section communale,

Les ouvrages de la deuxième section ne seront prêtés qu'aux abonnés mariés ou au moins âgés de vingt et un ans.

EXTRAIT DES DÉLIBÉRATIONS DU CONSEIL D'ADMINISTRATION.

Le maire de la commune devra être convoqué à toutes les réunions du Conseil d'administration : il pourra y présenter les observations et faire les communications qu'il jugera utiles.

(5 novembre 1871).

LISTE DES FONDATEURS.

MM.

Audouard (Ernest), — décédé.

Bocquillon (Alphonse), conseiller municipal.

Bocquillon (Louis-Sébastien), conseiller municipal.

Caen (Paul), propriétaire.

Cailleux (Joseph), adjoint.

Cailleux (Joseph-Nicolas), propriétaire.

Cordier, propriétaire.

Dufau (Ernest), ex-capitaine adjudant-major de la garde nationale mobile.

Evrard (Antoine-Denis), conseiller municipal.

Hautmont (Louis), homme de lettres.

Hély d'Oissel (baron Victor) O ✳, conseiller à la Cour de Cassation.

Hély d'Oissel (Léonce) ✳, maire de Poissy, conseiller général.

Huet (Joseph), ancien conseiller municipal.

Huet (Louis-Eléonore), propriétaire.

Huet (Louis-Joseph), propriétaire.

Jolly (Ernest-Dominique), architecte, maire.

Jouglas (Antoine-François), conseiller municipal.

Lanchantin (Antoine), propriétaire.

Lanchantin (François), conseiller municipal.

Laubœuf (Alexandre), entrepreneur de charpente, à Poissy.

Lecoupey (Alfred), propriétaire.

Lefèvre-Pontalis (Antonin), député de Seine-et-Oise.

Legrand (Louis-Edouard), propriétaire.

Lorinet (Pierre-Alphonse), propriétaire.

Meslé (Alphonse), conseiller municipal.

Meslé (Antoine), ancien conseiller municipal.

Mongelard (Eugène), entrepreneur de menuiserie.

Moulin (Auguste) fils, maréchal-ferrant.

Pelletier (Charles-Gustave), propriétaire.

Rendu (Eugène), ✳, officier d'académie, inspecteur général de l'instruction publique, conseiller général.

Retou (Joseph), propriétaire.

Richardierre (Louis-François), ancien conseiller municipal.

Rigault (Isidore-Alphonse), instituteur communal.

Rocher (Gabriel), propriétaire.

Thomas de Colmar (Charles), O✳, — décédé.

THOMAS (Louis) duc de Bojano.

THOYOT (Jean-Joseph), O✹, inspecteur général des Ponts et Chaussées, ex-général de division, ancien maire.

THOYOT (Léon-Adolphe), avocat à la Cour d'appel de Paris, ex-capitaine d'état-major du génie.

TISSIER (Antoine), gendre Pelletier, propriétaire.

TISSIER (Jean-Louis), propriétaire, négociant.

VALIN (Alexandre), propriétaire.

VALLIN (Louis), gendre Evrard, propriétaire.

VALLIN (Louis), gendre Legrand, propriétaire.

VALLIN (Louis), père, ancien conseiller municipal.

VAUDIN (Désiré), propriétaire.

VENENCIE (Charles) père, propriétaire.

VENENCIE (Charles-Joseph), conseiller municipal.

VLIMANT (Alphonse Pierre), propriétaire.

VLIMANT (Louis Théodore), conseiller municipal.

VLIMANT (Paul Auguste), propriétaire.

VLIMANT (Paul-Philippe), conseiller municipal. *Fortier Humbert, inspecteur receveur m[unicip]al — Jacob Théophile Adolphe, instituteur communal — Saunière Paul, homme de lettres — Tissier Louis, propriétaire — Marchand Joseph, libraire à Poivre.*

CONSEIL D'ADMINISTRATION

MM.

THOYOT (Jean-Joseph), Président. *Maire de la Commune.*

THOMAS de BOJANO, Vice-Président.

~~RIGAULT (Alphonse)~~ *Jacob Théophile*, Secrétaire-Trésorier-Bibliothécaire.

MOULIN (Auguste), Bibliothécaire-adjoint.

EVRARD (Antoine-Denis).
~~RIGAULT (Alphonse)~~ *Jacob Théophile*. } Membres de la commission d'examen
THOYOT (Léon-Adolphe).

CAILLEUX (Joseph).

LANCHANTIN (François). *Hély d'Oissel Léonce — Fortier Humbert — Vlimant Paul*

Anciens Membres du Conseil : MM. HAUTMONT; JOLLY; VLIMANT L. Th.

CATALOGUE (1)

I. — RELIGION. — MORALE

A. — Religion

1 L'abbé GAINET. Histoire de l'Ancien et du Nouveau Testament, par les seuls témoignages profanes. — 5 vol.
2   Bible de famille.
3 L'abbé DARRAS. Histoire de N. S. Jésus-Christ. — 2 vol.
4 L'abbé FLEURY. Catéchisme historique (*M. Thoyot*).
5 De NAVERNY. La femme d'après St Jérôme. (*Ancienne Bibliothèque de l'église*).
6 LOUDUN. Les pères de l'Église.
7   Le parfait modèle (*M. Thoyot*).
8 L'abbé PIONNET. Au revoir ou une famille au ciel. (*Ancienne Bibliothèque de l'église*).
9 Melle du PUGET. La bonne année des enfants.
10 CADDELL. Agnès, ou la petite épouse du St Sacrement.
11 De LAMBEL. Un mois de pieuses lectures (*M. Thoyot*).
12 GALIMARD. La sœur de charité (*L'auteur*).
13 L'abbé COUTURIER. La sainte famille (*M. Thoyot*).
14 L'abbé FLICHE. Les apprêts du beau jour de la vie. (*M. Thoyot*).
15 L'abbé DUMAX. Histoire du denier de St Pierre. (*Ancienne Bibliothèque de l'église*).
16   Vies des Saints, édition illustrée.
17 DESLYS. Le livre des Saintes (*M. Thoyot*).
18 Dom CEYLIER. Vie de Saint-Augustin (*M. Thoyot*).
19 L'abbé MEYNARD. Vie de Saint-Vincent de Paul.
20   Histoire de Sainte-Geneviève (*M. Thoyot*).
21 L'abbé MONIN. Le Curé d'Ars, 2 vol. (*Ancienne Bibliothèque de l'église*).
22   Vie de Saint-Alexis.
23   Le bon pasteur, Monseigneur Affre.
24   Vie de Saint-François, apôtre des Indes.
25   Vie de Saint-Martin, évêque de Tours.

B. — Morale.

1 DELACROIX. Morale de l'histoire.
2 Paul JANET. La Famille (*M. Lefèvre-Pontalis*).
3 Jules SIMON. Le Devoir (*M. Lefèvre-Pontalis*)
4 PASCAL. Pensées.

(1). Les noms des donateurs sont indiqués entre ~~guillmets~~ ( ) *parenthèses* en *lettres italiques*.

5 Ruck. Bonheur par le devoir.
6   Discours sur les prix Montyon (1864-1868)
        (Ministère de l'instruction publique).
7 de Ségur. Le dernier jour d'un soldat condamné à mort
        (Ancienne Bibliothèque de l'église).
8 Gérando et Délessert Les bons exemples *(Ministère de l'instruction
        publique)*.
9 Porchat. La sagesse du hameau.
10 Epictète. Entretiens et Maximes.

II. — LÉGISLATION ET ADMINISTRATION. — ÉCONOMIE SOCIALE ET POLITIQUE.

A. — Législation & Administration.

1 N. Bacqua. Codes usuels.
2   id   Codes spéciaux.
3 Grün. Cours de législation usuelle.
4 Périssat. Petites leçons de droit.
5 Picot. Les éléments du code Napoléon.
6 Alfred Blanche. Dictionnaire général d'administration. 2 vol.
7 Lucien Roy. Traité pratique de l'administration financière des
        communes *(M. Jolly)*.
8 Duval. Entretiens sur la nouvelle loi militaire.
9 de Sainte-Suzanne. Tirage au sort et révision.
10   Réglement sur les manœuvres de l'infanterie.
11 Paul Dupont. Dictionnaire municipal.
12 Savouré. Recueil pratique d'administration communale.
13 de Sainte-Hermine. Traité de l'organisation communale et des
        élections municipales.
14 Eugène Rendu. Guide des salles d'asile.
15 Plazanet. Manuel des sapeurs-pompiers.
16 Ferrand. De la propriété communale en France.
17 A. Le Berquier. Droits et devoirs des conseillers municipaux.

B. — Economie sociale & politique.

1 Franklin. Essais de morale et d'économie politique trad. de
        Laboulaye. *(Société Franklin)*.
2 Périssat. Entretiens sur l'économie politique.
3 Baudrillart. Manuel d'économie politique.
4 Renouard. Mélanges de morale et d'économie politique
        (Ministère de l'instruction publique).
5 Templar. Simples leçons d'économie sociale *(Société Franklin)*.
6 Wolowski. Economie politique *(Société Franklin)*.
7   id   De la monnaie *(Société Franklin)*.
8   id   Travail des enfants dans les manufactures
        (Société Franklin).
9 Louis Halphen. Des sociétés coopératives de consommation
        (M. Hautmont).
10   id   Questions ouvrières *(M. Hautmont)*.

11 CHANNING. De l'esclavage.
12 REBOUL. Assurances sur la vie.
13 VASSEUR. Moyen infaillible de gagner de l'argent et d'en amasser
(*L'auteur*).
14 BARRAU. Conseils aux ouvriers.

III. — HISTOIRE. — GÉOGRAPHIE.

A-a. — Histoire.

1 Henri MARTIN. Histoire populaire de la France. 3 vol.
2   Histoire populaire de la France. 4 vol.
3 BORDIER et CHARTON. Histoire de France d'après les monuments
historiques. 2 vol.
4 Augustin THIERRY. Récits des temps Mérovingiens. 2 vol.
5 THIERS. Histoire de la Révolution française. 2 vol.
6   id   Le Consulat. 1 vol.
7   id   L'Empire. 4 vol.
8 LAMARTINE. Histoire des Girondins. 3 vol.
9 MIGNET. Histoire de la Révolution française. 2 vol.
10 BACCHARAT. Précis d'histoire de France (*Ministère de l'instruction
publique*).
11 LHOMOND. Histoire de l'Eglise (*M. Rigault*).
12 BOSSUET. Discours sur l'histoire universelle (*M. Rigault*) 2 vol.
13 MONTESQUIEU. Grandeur et décadence des Romains (*M. Rigault*).
14 KLEINE. Récits d'histoire ancienne, grecque, romaine et du moyen
âge (*Ministère de l'instruction publique*).
15 Charles EDMOND. L'Egypte à l'exposition (*Société Franklin*).
16 RAFFY. Lectures d'histoire. 6 vol. (*Ministère de l'instruction
publique*).
17 VOLTAIRE. Siècle de Louis XIV (*édition expurgée*).
17 *bis* id   id   (*édition Belin*).
18 GUIZOT. Histoire de la Révolution d'Angleterre. 6 vol.
(*M. Lefèvre-Pontalis*).
19 MACAULAY. Histoire d'Angleterre depuis l'avénement de Jacques II
(Révolution de 1688). 2 vol.
20 RAGON. Histoire d'Alsace. 2 vol. (*Ministère de l'instruction
publique*).
21   Histoire de Lorraine, 3 vol. (*Ministère de l'instruction
publique*).
22 Alfred ASSOLLANT. 1812 campagne de Russie.
23 R.-P. de DAMAS. Souvenirs de Crimée (*Ancienne Bibliothèque de
l'église*).
21 LAS CASES. Souvenirs de l'Empereur Napoléon Ier.
25 De FEZENSAC. Souvenirs militaires (1804-1814).
26 NAPOLÉON III. Discours, messages et proclamations.
27   Dissensions des républiques de la Plata.
28 Général CLER. Souvenirs d'un officier du deuxième zouaves.
29 NOEL (Octave). Histoire de la ville de Poissy (*Ville de Poissy*).
30 J. AYMARD. Le siége de Sébastopol (1854-1855).

31   Captivité de Louis XVI, journal de Cléri.
32 BERNARD. Les évasions célèbres.

A. B — Biographies.

1 PLUTARQUE. Vies des hommes illustres. 4 vol.
2 H. de TRIQUETI. Les ouvriers selon Dieu et leurs œuvres. 11 vol.
3 CUVIER. Eloges historiques.
4 CHARTON. Histoire de trois enfants pauvres. 2 exempl.
5 Henri MARTIN. Jeanne d'Arc.
6 LAMARTINE. Gutemberg (*M. Rigault.*)
7   id   Jacquart et Gutemberg
8   id   Christophe Colomb (*M. Rigault.*)
9 LABOUCHÈRE Oberkampf.
10 VOLTAIRE. Histoire de Charles XII.
11 JOINVILLE. Histoire de Saint Louis,
12 BADIN. Duguay-Trouin.
13 id Jean Bart.
14 HAURÉAU. Charlemagne et sa cour (*M. Hautmont*).
15 ERNOUF. Histoire de trois ouvriers français.
16 GALIMARD. Aubry-Lecomte (*L'auteur*).
17 ROY. Histoire de Henri IV *(M. Rigault)*
18 F. P. L. Histoire de Marie Antoinette (*Ancienne Bibliot. de l'église*).
19 LAFAYETTE. Henriette d'Angleterre *(M. Lefèvre Pontalis)*
20 de BONNECHOSE. Bertrand Duguesclin *(Minist. de l'Inst. publique)*.
21   id   Lazare Hoche.
22 DU CASSE. Histoire anecdotique de Napoléon I *(Société Franklin)*.
23 Eug. RENDU. M. Ambroise Rendu et l'Université de France (*L'auteur*).
24 COLET Enfances célèbres.
25 M. E. D. Les bienfaiteurs de l'humanité.
26 COCHIN. Abraham Lincoln.
27. ROY. Blanche de Castille, reine de France.
28 BELLEMARE. Abd-el-Kader.
29 FEILLET. Histoire de Bayard.

B. Géographie — Voyage.

1 CORTAMBERT. Cours de géographie.
2 Ad. JOANNE. Géographie de Seine-et-Oise.
3 LANOYE. Les grandes scènes de la nature (2 exemplaires.)
4 CHARTON. Les voyageurs anciens et modernes. 4 vol.
5 id Le tour du monde (1860-1861). 4 vol.
6 MALTE-BRUN. Les jeunes voyageurs en France. 2 vol.
7 CAMPE. Hist. de la découverte de l'Amérique (édit. illustrée).
8 Mme Ida PFEIFFER. Voyage d'une femme autour du monde.
9 Mme d'AUNET. Voyage au Spitzberg.
10 LINDEAU. Voyage autour du Japon.
11 MOUHOT. Voyages dans les royaumes de Siam et Laos.
12 Alex. DUMAS. Impressions de voyage en Suisse. 3 vol.
13 THIERCELIN. Journal d'un baleinier. 2 vol. (*Société Franklin*).
14 LIVINGSTONE. Explorations dans l'Afrique australe.

15 RAYNALD. Les naufragés aux îles Auckland.
16 Anonyme. Les naufragés au Spitzberg.
17 CHATEAUBRIAND. Itinéraire de Paris à Jérusalem. 2 vol.
18 Charles THIERRY MIEG. Six semaines en Afrique.
19 G. FERRY. Scènes de la vie militaire au Mexique.
20 L. PALLU. Les gens de mer. (*Société Franklin*).
21 L'abbé TURQUET. Cinq ans de captivité à Cabrera.

IV. — ÉDUCATION. — SCIENCES. — ARTS. — INDUSTRIE, —

AGRICULTURE. — HYGIÈNE.

A. — Education.

1 SALMON. Petite histoire sainte. (*Ministère de l'instruction publique*).
2 MOSELLE. Leçons d'histoire et de géographie. (*Ministère de l'instruction publique*)
3 BACCHARAT .Notions |d'histoire et de géographie. (*Ministère de l'instruction publique*).
4 ANSART et RENDU. Cours d'histoire et de géographie. 5 volumes. (*M. Eugène Rendu*).
5 VAL PARISOT. Histoire d'Angleterre. (*Ministère de l'instruction publique*)
6   Histoire de Russie. 2 vol. (*Ministère de l'instruction publique*).
7   Histoire d'Italie. 2 vol. (*Ministère de l'instruction publique*)
8 LOUANDRE. Dictionnaire d'histoire et de géographie.
9 TAICLET. Premiers exercices d'orthographe.
10 LAROUSSE. Encyclopédie du jeune âge.
11 LHOMOND. Grammaire française. (*Ministère de l'instruction publique*).
12 LAMOTHE. Petite grammaire française. (*Ministère de l'instruction publique*).
13 MICHAUD. Grammaire selon l'Académie. (*Ministère de l' instruction publique*).
14 LAROUSSE. Grammaire littéraire.
15 BONNEAU. Analyse grammaticale. (*Ministère de l'instruction publique*).
16   id   Exercices raisonnés (*Ministère de l'instruction publique*).
17   id   Exercices français. (*Ministère de l'instruction publique*).
18 CAMPAGNOL. Exercices variés. (*Ministère de l'instruction publique*).
19 JULLIEN. Vocabulaire grammatical. (*Ministère de l'instruction publique*.
20   id   Explication des difficultés grammaticales (*Ministère de l'instruction publique*).
21   id   Etymologies de la langue française. (*Ministère de l'instruction publique*).
22 LAROUSSE. Dictionnaire complet. (*Ministère de l'instruction publique*).
23 JULLIEN. Guide des examens dans les écoles primaires. (*Ministère de l'instruction publique*).

24   id   Questions et exercices sur le traité de rhétorique (*Ministère de l'instruction publique*).

25 RAGON.. Analyse et extraits des chefs-d'œuvre de l'éloquence ;

26 TARNIER.   Arithmétique élémentaire.

27 GRANDEMANGE. Arithmétique mentale.

28 LENGLIER. Arithmétique élémentaire et algébre.

29 SARDAN. Géométrie pratique.

30 GARRIGUES. Simples notions sur les sciences, les arts et l'industrie ;

31 De GÉRUSEZ. Mythologie des enfants.

32 Maître Pierre ou le savant du village : Astronomie ; Agriculture ; Botanique ; Corps humain ; Hygiène ; Histoire des Français ; Industrie ; Inventions utiles ; Physique. Plantes utiles ; Préjugés ; Système métrique ; Voyages ; Vie de Napoléon. 14 vol.

33 BELVÈRE. Au bout du monde, causeries scientifiques *(l'auteur)*.

34 RADU (Jules). Instruction élémentaire *(M. Rigault)*.

B. Sciences et Arts.

1 FORTHOMME. Traité élémentaire de physique expérimentale et appliquée. 2 vol.

2 BAUME ET POIRIER. Traité de physique, mécanique et chimie *(M. Rigault)*.

3 MARGOLLÉ. Les phénomènes de la mer *(M. Rigault)*.

4 HÉMENT. Leçons d'histoire naturelle.

5   id   Histoire d'un morceau de charbon.

6 Jean MACÉ. Histoire d'une bouchée de pain.

7 HUGHES. Ma maison, histoire de mon corps.

8 LECOQ. Botanique populaire.

9 ROGER (Aristide). Les monstres invisibles.

10 MARION. Les merveilles de la végétation.

11 LANDRIN. Les plages de la France.

12 De FONTVIELLE. Éclairs et tonnerres.

13 BAILLE. L'électricité.

14 BADIN. Grottes et cavernes.

15 FLAMMARION. Les merveilles célestes.

16 GUILLEMIN. La lune.

17 ZURCHER ET MARGOLLÉ. Volcans et tremblements de terre.

18 RADAU. L'acoustique *(M. E. Rendu)*.

19 CAZIN. La chaleur.

20 DEHERRYPON. La boutique de la marchande de poisson.

21 A. CASTILLON. Les recréations physiques.

22   id   Les récréations chimiques.

23 SONNET. Dictionnaire des mathématiques appliquées.

24 GRIMBLOT. Les secrets du dessin — 1 vol. et atlas.

25 DUPLESSIS. La gravure.

26 VIARDOT. Merveilles de la sculpture.

27 LAMOTHE. Cours de dessin linéaire — 2 vol. et atlas.

C. Industrie.

1 FIGUIER. Exposition et histoire des découvertes scientifiques modernes. 4 vol.
2 FIGUIER. Les grandes inventions industrielles
3 LEGUIDRE. Industrie manufacturière.
4 PAYEN. L'éclairage au gaz.
5 EGGER. Le papier.
6 LECLERT. La voile, la vapeur, l'hélice.
7 SIMONIN. Les mineurs de Californie.
8 THÉVENIN. Cours d'économie industrielle. 3 vol.
9   Entretiens populaires (*M. Rendu*).
10 GUILLEMIN. Les chemins de fer.
11 HALPHEN. De l'eau-de-vie de cidre (*M. Hautmont*).
12 PELLETIER. Le thé et le chocolat.

D. Agriculture.

1o Bibliothèque du cultivateur, 33 vol. : 1er vol. Agriculteur com-
mençant; 2o Animaux domestiques; 3o Basse-cour; 4o Bêtes
à cornes; 5o Champs et prés; 6o Cheval (Achat du); 7o
Cheval, âne et mulet; 8o Cheval percheron; 9o Choux; 10o
Comptabilité et géométrie agricoles; 11o Constructions rura-
les et mécanique agricole; 12o Cuisine de la ferme; 13o
Culture générale et instruments aratoires; 14o Economie
domestique; 15o Engraissement du bœuf; 16o Fermage;
17o Fumiers et composts; 18o Formules des fumures; 19o
Houblon; 20o Lièvres, lapins et léporides; 21o Maréchalerie;
22o Médécine vétérinaire; 23o Métayage; 24o Moutons; 25o
Noir animal; 26o Noyer; 27o Olivier; 28o Poules et œufs;
29o Races bovines; 30o Sol et engrais; 31o Tabac; 32o Tra-
vaux des champs; 33o Vaches laitières (Choix des).
2o Bibliothèque du jardinier, 15 vol. : 1er vol. Arbres fruitiers; 2o
Arbrisseaux et arbustes; 3o Asperges; 4o Conférences sur
le jardinage et la culture des arbres fruitiers; 5o Culture
maraîchère pour le midi de la France; 6o Cactées; 7o
Melon; 8o Pélargonium; 9o Parcs et Jardins; 10o Pensées;
11o Pépinières; 12o Pincement des feuilles; 13o Plantes de
serre froide; 14o Potager; 15o Rosiers.
3o La maison rustique du XIXeme siècle : 3 vol. 1o Agriculture propre-
ment dite; 2o Cultures industrielles. Animaux domestiques.
3o Arts agricoles.
4o Le bon jardinier. 2 vol.
5o BODIN. Botanique agricole.
6 FABRE S. Chimie agricole (*société Franklin*).
7 V. RENDU. Culture des plantes (*M. Eugène Rendu*)
8 B de MANTEUFFEL. L'art de planter (*Minist. de l'inst. pubilque*)
9 Cte A. des CARS. L'élagage des arbres (*M. I. P.*)
10 LAVALLÉE. Le brôme de Schrader (*M. I. P.*)

11 Ch. Jacque. Le poulailler (*M. I. P.*)
12 De Varennes. Veillées de.la ferme de Tournebride.
13 De Lafayette. La prime d'honneur.
14   id.   Petit-Pierre ou le bon cultivateur.
15 Barrau. Félix ou le bon cultivateur.
16 Humbert. Jean le dénicheur.
17 Halphen. Lectures choisies pour les campagnes.
18 Journal d'agriculture pratique. 2 vol.
19 Bulletin de la société protectrice des animaux (1869-1870).
20 Bourguin. Soyez bons pour les animaux (*Société protectrice des animaux.*)
21. Jourdier. Excursion agronomique en Russie (*Ministère de l'Instruction publique*)

E. Hygiéne.

1 Beaugrand. La médecine domestique et la pharmacie usuelle.
2 Descieux. Entretiens sur l'hygiène.
3 Nightingal (M^{iss}) Des soins à donner aux malades.
4 Mme de Ségur. Santé des enfants.
5 Brochard. De l'allaitement maternel (*Société Franklin.*)
6 Mme Meunier. Le docteur au village (*M. Rigault.*)
7 Ysabeau. Hygiène et médecine.

LITTÉRATURE

A. Littérature Française.

1 Charton. Le Magasin pittoresque. 21 vol.
2 Ch. Wallut. Musée des familles. 38 vol.
3 Chateaubriand. Génie du Christianisme. 3 vol.
4   id.   Les Martyrs.
5   id.   Le paradis perdu. Essai sur la littérature anglaise.
6   id.   Réné. Mélanges politiques.
7   id.   Atala. Dernier Abencérage. Mélanges littéraires.
8 Lamartine. Harmonies poétiques.
9   id.   Le tailleur de pierres de Saint-Point.
10   id.   Geneviève.
11 Boileau. Œuvres complètes. 2 vol.
12   id.   Œuvres poétiques. (édition classique).
13 Corneille. Œuvres dramatiques. 4 vol.
14 Racine. Œuvres complètes. 3 vol.
15 Molière. Œuvres complètes. 3 vol.
16   id.   Œuvres choisies (édition expurgée).
17 Labruyère. Caractères. 2 vol.
18 La Fontaine. Fables.
19   id.   Fables (*M. Thoyot*).
20 Fénélon. Fables.
21   id.   Aventures de Télémaque, à l'usage de la jeunesse.
22 Florian. Fables.
23   id.   Arlequinades.

24 LONLAY. Chants de jeunesse (*Ministère de l'instruction publique*).
25 L'abbé GODARD. Fleurs des champs (*M. Thoyot*).
26 GALIMARD. Les deux propriétaires (*L'auteur*).
27 A. DUMAS. La bouillie de la comtesse Berthe.
28 ERCKMANN-CHATRIAN. Madame Thérèse.
29   id.   Le fou Yégoff.
30   id.   Le conscrit de 1813.
31   id.   Waterloo.
32   id.   L'ami Fritz.
83   id.   Confidences d'un joueur de clarinette.
34 BERNARDIN DE ST-PIERRE. Paul et Virginie.
35 PERRAULT. Contes de fées.
36 BERQUIN. Œuvres complètes, 4 vol.
37 Mme de SÉGUR. L'auberge de l'ange gardien.
38   id.   Le général Dourakine.
39   id.   Diloy le Chemineau.
40   id.   Les malheurs de Sophie.
41   id.   Les petites filles modèles.
42   id.   Les vacances.
43   id.   François le bossu.
44   id.   Pauvre Blaise.
45 Mme MARCEL. Le bon frère.
46 Elie BERTHET. L'enfant des bois.
47 GOURAUD. Le petit colporteur.
48 A. BALLEYDIER. Veillées militaires.
49   id.   Veillées maritimes.
50   id.   Veillées de famille.
51   id.   Veillées du peuple.
52 De ST-GERMAIN. Pour une épingle.
53   id.   Mignon.
54   id.   La feuille de coudrier.
55   id.   Le châlet d'Auteuil.
56 SAINTINE. Picciola (*M. Lefèvre-Pontalis*).
57 Em. SOUVESTRE. Confessions d'un ouvrier.
58   id.   id.   (*M. Lefèvre-Pontalis*).
59   id.   La dernière étape.
60   id.   Les derniers Bretons. 2 vol.
61   id.   Au coin du feu.
62 Mme JAUBERT. L'aveugle de Fossi (*L'auteur*).
63 Jules VERNE. Cinq semaines en ballon (édition illustrée).
64   id   Voyage au centre de la terre.
65   id   id   (édition illustrée).
66 PORCHAT. Trois mois sous la neige.
67   id   Les colons du rivage.
68   id   La montagne tremblante.
69 BALZAC. Eugénie Grandet.
70 MASSON. Les contes de l'atelier.
71 Mme BELLOC. Pierre et Pierrette.
72 Mme CARRAUD. Maurice ou le travail. (*M. Rigault*).
73   id   La petite Jeanne ou le devoir (*M. Rigault*).

74 DESNOYERS. Mésaventures de Jean Paul Choppart.
75   id   Robert-Robert et Toussaint Lavenette. 2 vol.
76 De JUSSIEU. Histoire de Cloud-Grandgambe.
77 J. MACÉ. Les Contes du petit château.
78 LABOULAYE. Souvenirs d'un voyageur.
79   id   Abdallah ou le Trèfle à quatre feuilles.
80 MARMIER. Histoire d'un pauvre musicien.
81 SAINTINE. Un rossignol (*Société Franklin*).
82 Mme TESTAS. Contes pour l'enfance. (*Ministère de l'instruction publique*).
83 MAHON. Antoine Korbach. (*Ministère de l'instruction publique*).
84 BLANCHARD. Le naufrage ou l'île déserte. (*Ministère de l'instruction publique*).
85 HÉRICAULT. Les mémoires de mon oncle (*Ministère de l'instruction publique*.
86 DIDIER. Les nuits du Caire. (*Société Franklin*)
87 FOUINET. Gerson ou le manuscrit aux enluminures.
88 DRIEUDE. Edmour et Arthur.
89   id   Les épreuves de la piétié filiale.
90   id   Les solitaires d'Isola-Doma.
91 GUÉNOT. Le grenadier de la république.
92   id   Le franc-tireur.
93 MÉNARD. Les trois cousins (*Société Franklin*)
84 ENAULT. Frantz Müller(*Société Franklin*).
95 LESAGE. Gil Blas, édition pour la jeunesse.
96 LE PRÉVOST. Les légendes de l'atelier.
97   Le triomphe de la piété filiale.
98 CHANTREL. Dieb le voleur.
99 M. EMERY. Les veillées de la famille.
100 Mme de GAULLE. Bruno.
101   id   Pédro.
102 SNELL. La famille du pêcheur.
103 BIGOT. Les veillées du côteau.
104 De ROCHÈRE. Tébaldo, histoire corse.
105 J. GIRARD. Le père Tropique, 1re camp. de Pierre Maulny.
106   id   Voyages, aventures et naufrage de Pierre Maulny.
107 A. de LAMOTHE. Mémoires d'un déporté à la Guyane française.
108   Les faucheurs de la mort ou la Pologne en 1863. 2 v.
109 Mme WOILLEZ. L'orpheline de Moscou.
110   Robert, épisode de 1848.
111 Mme BOURDON. Le foyer.
112 H. PRÉVAULT. Le petit Savoyard.
113 DUC. L'enfant volé ou Aventures de Manuel chez les Indiens.
114   id. Le dévouement filial, épisode du IV siècle.
115 BOUGRAIN. Les Captifs de la déïra d'Abd-el-Kader.
116 FURCH. Les lingots d'argent.
117 J. GÉRARD. Le tueur de lions.
118 De SÉGUR. Le dimanche des soldats.
119 J. REYNAUD. Lectures variées.

120 De Mɪʀᴠᴀʟ. Le Robinson des sables du désert.
121 Casimir Dᴇʟᴀᴠɪɢɴᴇ. Les enfants d'Edouard.
122 Bᴀʀʀ. Aventures merveilleuses de Bluette et Coquelicot.

B. Littérature ancienne et étrangère (*traductions*).

1 Hᴏᴍᴇʀᴇ. L'Iliade et l'Odyssée, édition revue.
2 Vɪʀɢɪʟᴇ. Œuvres choisies, traduites par Giguet.
3 Le Dᴀɴᴛᴇ. La divine comédie.
4 Le Tᴀssᴇ. La Jérusalem délivrée.
5 Wᴀʟᴛᴇʀ-Sᴄᴏᴛᴛ. Waverlay.
6   id. L'antiquaire.
7   in. Guy-Mannering.
8   id. Rob-Roy.
9   id. Kenilworth.
10   id. La prison d'Edimbourg.
11   id. Le vieillard des tombeaux.
12   id. Ivanhoë.
13   id. Le Château dangereux.
14   id. Woodstock.
15   id. Les aventures de Nigel.
16   id. Le Monastère.
17   id. La fiancée de Lamermoor.
18   id. L'abbé.
19   id. Quentin Durward.
20 Cʜᴀʀʟᴇs Dɪᴄᴋᴇɴs. Barnabé Rudge 2 vol. (*Société Franklin*).
21   id. David Copperfield. 2 vol.
22   id.   Contes de Noël.
23   id.   Aventures dc Nicolas Nickleby. 2 vol.
24   id.   Dombey et fils. 3 vol.
25   id.   Olivier Twist.
26   id.   Vie et aventures de Martin Chuzzlewit. 2 vol.
27   id.   La petite Dorrit. 2 vol.
28 De Fᴏᴇ. Robinson Crusoë.
29   id.   id.   (splendidement illustré)
30   id.   id.   2 vol. (*Ministère de l'inst. publ.*)
31 R. Wʏss. Robinson suisse. 2 vol.
32 Miss. Cᴜʀʀᴇʀ Bᴇʟʟ. Jane Eyre. 2 vol.
33 Mistress Gᴀsᴋᴇʟʟ. Marie Barton.
34 Miss Cᴜᴍᴍɪɴs. L'allumeur de réverbères.
35 Mistr. Bᴇᴇᴄʜᴇʀ-Sᴛᴏᴡᴇ. La case de l'oncle Tom.
36 Gᴏʟᴅsᴍɪᴛʜ. Le vicaire de Wakefield.
37 F. Cᴏᴏᴘᴇʀ. Le dernier des Mohicans.
38   id.   id.   (*M. Lefèvre-Pontalis*).
39   id.   La prairie.
40   id.   Les pionniers.
41   id.   Le pirate.
42 Mᴀʏɴᴇ-Rᴇɪᴅ. Aventures de terre et de mer.
43   id.   A fond de cale.
44   id.   A la mer

45   id.   L'habitation du désert.
46 DE CONINCK. Le mousse Yvonnet.
47 SHAKESPEARE. Chefs-d'œuvre. 3 vol.
48 GŒTHE. Hermann et Dorothée.
49 SCHILLER. Guillaume Tell.
50 ZSCHOKKE. Alamontade.
51   id.   Addrich des Mousses.
52 SCHMID. Contes, 15 vol.: Le petit Henri; Nuit de Noël; Œufs de Pâques; Le serin; Le petit émigré; La croix de bois; L'agneau; La petite muette; La guirlande de Houblon; La corbeille de fleurs 2 vol.; Rose de Tannebourg 2 vol.; L'incendie; Le melon.
53   id.   Geneviève de Brabant; Les œufs de Pâques, etc. 1 vol.
54 MANZONI. Les fiancés.
55 Henri CONSCIENCE. Le conscrit.
56   id.   Le Gentilhomme pauvre.
57 MATHEWS. Légendes indiennes (*Société Franklin*).
58 Melle BREMER. Les voisins
59 Van LENNEP. Les aventures de Ferdinand Huyck, 2 vol.
60 GERSTAECKER. Aventures d'une colonie d'émigrants en Amérique.
61 C. WISEMAN. Fabiola ou l'Église des catacombes (*Ancienne Biblioth. de l'église*).
62 P. NEWMAN. Callista, scènes de l'Afrique chétienne au IIIe siècle.
63 POUCHKINE. La fille du capitaine.
64 GALLAND. Les mille et une nuits (édition expurgée). 2 vol.
65 CERVANTES. Don Quichotte (édition expurgée).
66 SWIFT. Voyages de Gulliver.
67 C[l] WISEMAN. La lampe du sanctuaire.
68   id.   La perle cachée.
69 TOPFFER. Nouvelles génevoises.
70 SILVIO PELLICO. Mes prisons. Devoirs des hommes. Ildegarde. Lettres inédites.

RÉCAPITULATION

MAGNY EN VEXIN (S-&-O). — IMPRIMERIE O. PETIT.

www.ingramcontent.com/pod-product-compliance
Lightning Source LLC
LaVergne TN
LVHW010127060726
842524LV00005B/1783